LA GENTE DE MI VECINDARIO

EL MAESTRO

Jared Siemens

LIGHTBOX
openlightbox.com

Entre a **www.openlightbox.com** e ingrese el código único de este libro.

CÓDIGO DE ACCESO

LBG74676

Lightbox es una completa solución digital para enseñar y aprender temas curriculares de una manera original e innovadora. Lightbox se basa en las Normas Curriculares Nacionales.

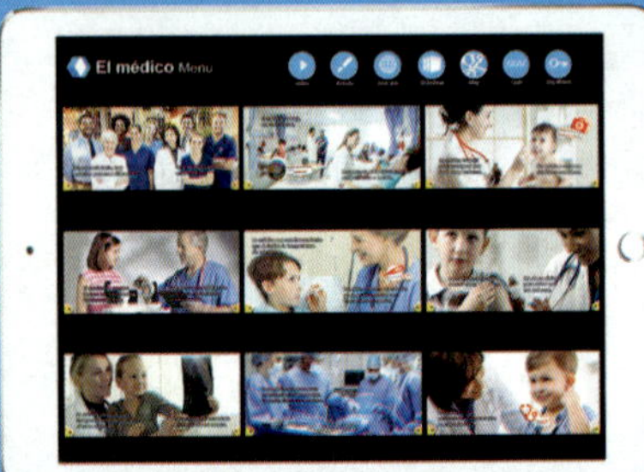

OPTIMIZADO PARA

- ✓ TABLETAS
- ✓ PIZARRAS ELECTRÓNICAS
- ✓ COMPUTADORAS
- ✓ ¡Y MUCHO MÁS!

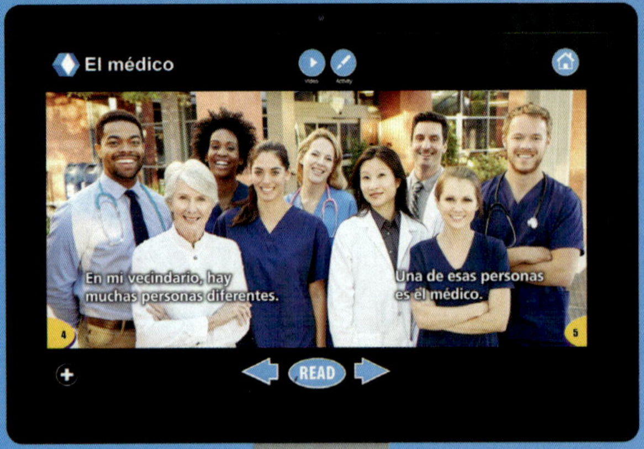

CARACTERÍSTICAS ESTÁNDAR DE LIGHTBOX

AUDIO Narraciones de alta calidad con sistema de texto a voz

VIDEOS Videoclips de alta definición incorporados

ACTIVIDADES PDFs imprimibles que pueden enviarse por correo electrónico y calificarse

ENLACES WEB Enlaces cuidadosamente seleccionados con recursos seguros para niños

PRESENTACIÓN EN DIAPOSITIVAS Ilustraciones gráficas de los conceptos clave

MAPAS INTERACTIVOS Mapas interactivos e imágenes satelitales aéreas

CUESTIONARIOS Diez preguntas de elección multiple con puntaje automático que se envían por correo electrónico al docente para su evaluación

PALABRAS CLAVE Combinación de los conceptos clave con sus definiciones

VIDEOS

ENLACES WEB

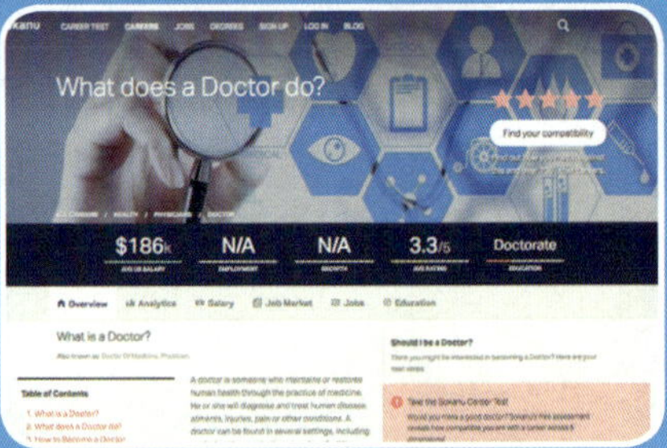

PRESENTACIÓN EN DIAPOSITIVAS

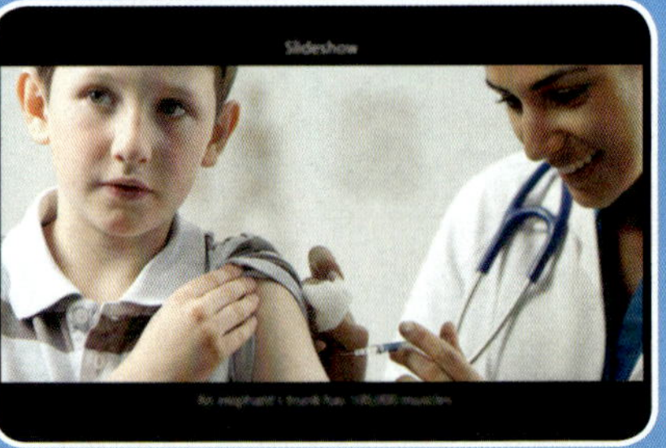

CUESTIONARIOS

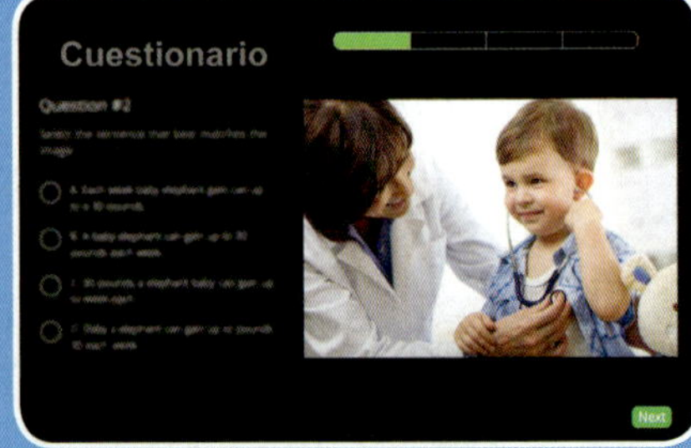

LA GENTE DE MI VECINDARIO

EL MAESTRO

CONTENIDOS

En mi vecindario, hay muchas personas diferentes.

Una de esas personas
es el maestro.

La maestra trabaja
en una escuela.

Las escuelas son lugares donde los niños van a aprender.

La **escuela primaria Mather** de Boston, Massachusetts, tiene más de **375 años**.

Los maestros ayudan a los niños a aprender cosas nuevas.

Enseñan a los niños a aprender solos.

El maestro me enseña a leer, escribir y contar.

También me cuenta sobre los diferentes lugares y personas del mundo.

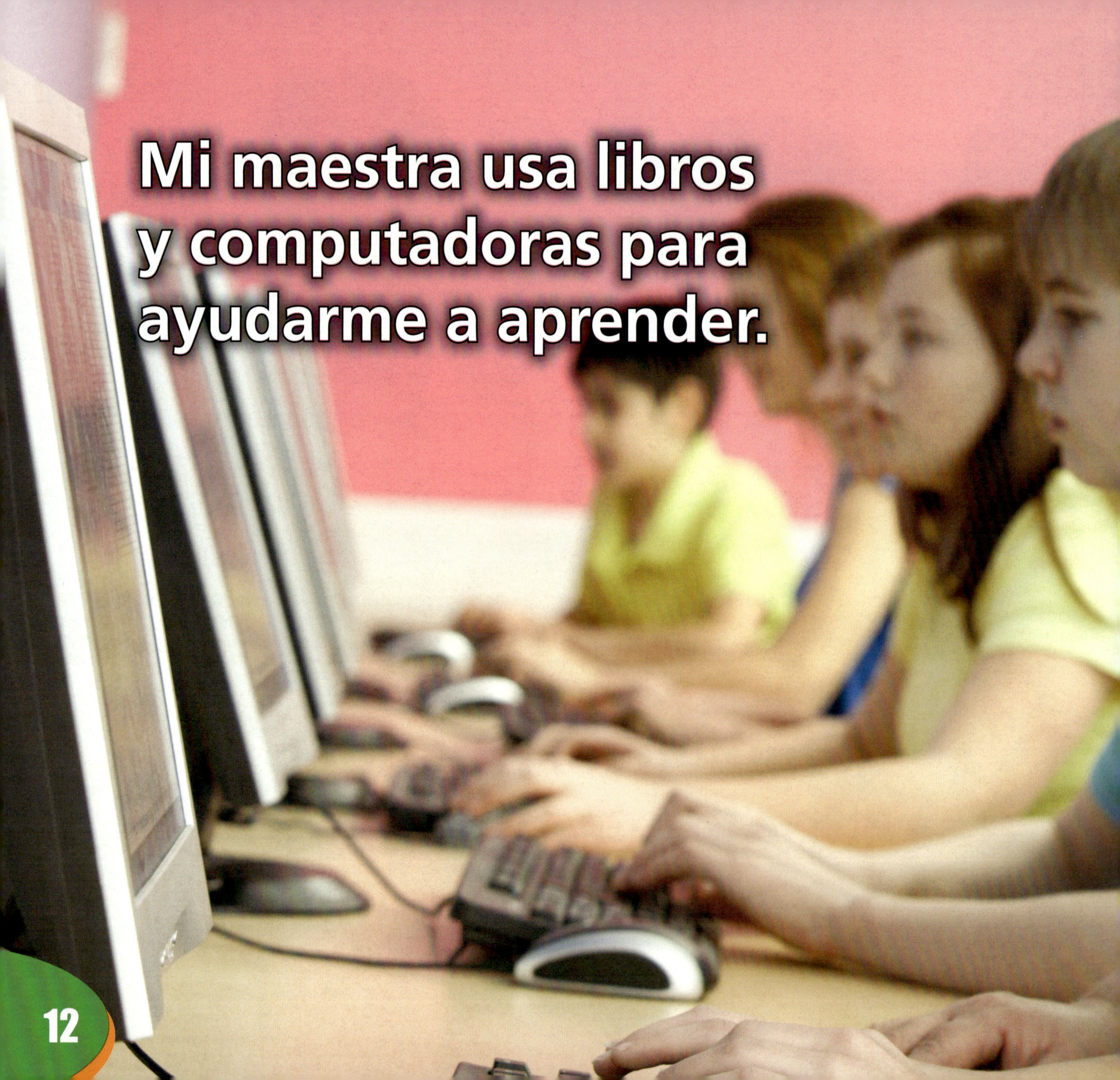

Mi maestra usa libros y computadoras para ayudarme a aprender.

También me enseña
a usar un ratón
y un teclado.

El maestro me enseña lo divertida que puede ser la ciencia.

Organiza actividades que mis compañeros y yo podemos hacer.

Mi maestra me hace preguntas y me toma exámenes escritos.

Mis respuestas le indican si estoy aprendiendo bien lo que me enseña.

El maestro nos lleva de excursión a lugares diferentes.

Durante las excursiones, sus clases cobran vida.

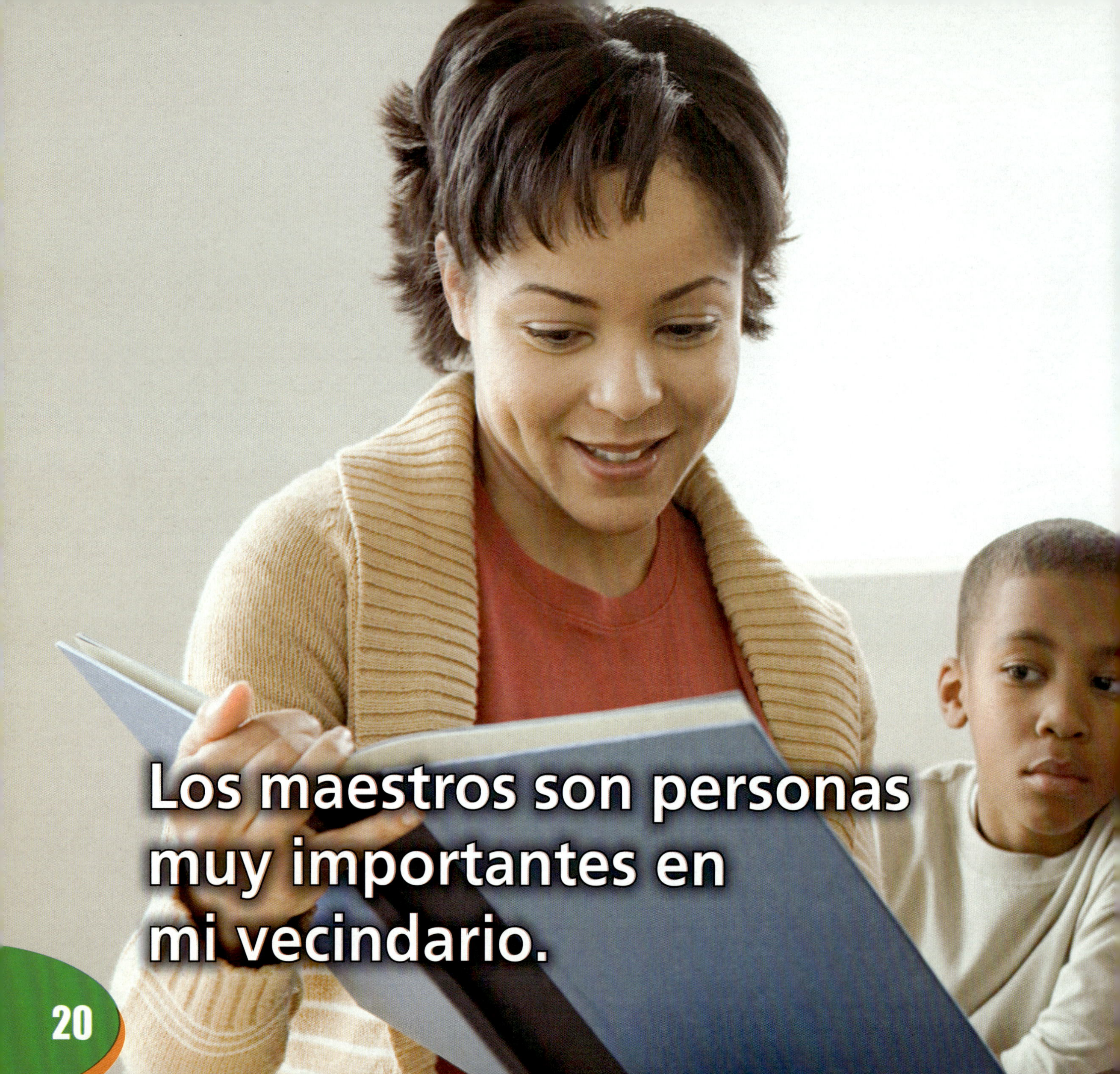

Los maestros son personas muy importantes en mi vecindario.

Hay cerca de **1 millón y medio** de maestros de **preescolar y primaria** en los **Estados Unidos**.

Veamos lo que has aprendido sobre el maestro.

Describe lo que ves en cada imagen.

Published by Smartbook Media Inc.
350 5th Avenue, 59th Floor New York, NY 10118
Website: www.openlightbox.com

Library of Congress Control Number: 2017961972

ISBN 978-1-5105-3416-2 (hardcover)
ISBN 978-1-5105-3417-9 (multi-user eBook)

Printed in the United States of America in Brainerd, Minnesota
1 2 3 4 5 6 7 8 9 0 22 21 20 19 18

012018
011518

Spanish Project coordinator: Sara Cucini
Spanish Editor: Translation Services USA
English Project coordinator: Jared Siemens
Designer: Nick Newton

Every reasonable effort has been made to trace ownership and to obtain permission to reprint copyright material. The publisher would be pleased to have any errors or omissions brought to its attention so that they may be corrected in subsequent printings.

The publisher acknowledges Alamy, Getty Images, iStock, and Wikimedia Commons as its primary image suppliers for this title.